L'AMOUR ET SON HÔTE

OPÉRA-COMIQUE EN UN ACTE

PAROLES DE JULES BARBIER

MUSIQUE

D'ÉDOUARD DE HARTOG

REPRÉSENTÉ POUR LA PREMIÈRE FOIS A BRUXELLES

SUR LE

Théâtre des Fantaisies Parisiennes

Le 9 Février 1872

BRUXELLES

A.-N. LEBÈGUE ET COMPie, LIBRAIRES-ÉDITEURS

46, RUE DE LA MADELEINE, 46

—

1872

L'AMOUR

ET

SON HÔTE

Bruxelles. — Imp. de A. N. LEBÈGUE et Ce, 6, rue Terrarcken.

L'AMOUR
ET SON HÔTE

OPÉRA-COMIQUE EN UN ACTE

PAROLES DE JULES BARBIER

MUSIQUE

D'ÉDOUARD DE HARTOG

REPRÉSENTÉ POUR LA PREMIÈRE FOIS A BRUXELLES

SUR LE

Théâtre des Fantaisies Parisiennes

Le 9 Février 1872

BRUXELLES

A.-N. LEBÈGUE ET COMPie, LIBRAIRES-ÉDITEURS

46, RUE DE LA MADELEINE, 46

—

1872

PERSONNAGES.

CALFUCIUS, 30 ans.
SATURNE, son domestique.
La Comtesse BERTHA.
DOROTHÉE.

MM. DEQUERCY.
JOLLY.
Mlle MORELLI.
(Une coryphée basse).

La scène est dans une maison de campagne aux environs de Francfort,
chez Calfucius

L'AMOUR

et son hôte.

SCÈNE PREMIÈRE.

SATURNE, parlant à la cantonnade à la porte de gauche.

Oui, monsieur, vous pouvez être tranquille... Votre cabinet sera balayé et époussété... comme à l'ordinaire. — Que je ne casse rien?... Non, monsieur, comme à l'ordinaire... (Il entre à reculons et renverse une chaise.) Allons, bon ! (Il vient en scène.) Ah !... si je n'étais pas un si bon domestique !... le meilleur domestique de tout Francfort et des environs... comme je m'en donnerais ! pif... paf... manquer d'égards à toutes ces antiquailles, casser un bras à l'un, une jambe à l'autre... je ne suis pas méchant... mais il me semble que cela me ferait du bien. C'est si ennuyeux d'être domestique !... faire tous les jours la même chose !... balayer, épousseter, ranger... ranger, épousseter, balayer !... Ah ! Toujours debout ! toujours debout ! (Il s'asseoit à gauche.) Quel métier ! (Il se croise les jambes, et s'étend dans le fauteuil. Il bâille.) O Dorothée, c'est après toi que je bâille... c'est parce qu'on m'interdit de te voir que je souffre... Dorothée ! ma petite Dorothée. (Se levant.)

COUPLETS.

D'un amour tendre et fidèle
Ne me doit-on pas le prix ?
J'aurais été le modèle
Des amants et des maris !
Entre nous point de querelles !
Tourtereaux et tourterelles
Ne nous auraient rien appris !
Rrrrou !... chaque jour qui s'écoule
Vient accroître mon souci !
Rrrrou !.. Pourquoi quand tout roucoule,
Ne pas roucouler aussi ?

Avec l'amour, quoi qu'on dise,
Vouloir jouer au plus fin,
C'est folie ou c'est sottise ;
On s'y laisse prendre enfin !
Si mon maître est indomptable
Et craint de se mettre à table,
Dois-je donc mourir de faim ?
Rrrrou ! Chaque jour qui s'écoule
Vient accroître mon souci !
Rrrrou !... Pourquoi, quand tout roucoule,
Ne pas roucouler aussi ?

O Dorothée!... chère Dorothée! mon maître a beau dire, va... tu seras ma femme... D'abord, tout est là dans ma chambre, robes, dentelles, tout est prêt... et moi aussi... et avant quinze jours ! (S'adressant à la petite statue de l'Amour.) Pourquoi ris-tu, toi, Amour? Pourquoi te moques-tu de moi, petit va-nu-pieds?

SCÈNE DEUXIÈME.

SATURNE, CALFUCIUS.

CALFUCIUS, sortant de sa chambre, un livre à la main A part.

A qui diable en a-t-il ?

SATURNE, s'adressant toujours à la statue.

Tu ne me fais pas peur, va, méchant bambin... Je me moque de toi et de tes flèches.

CALFUCIUS, riant

Ah ! ah ! (Il s'assoit)

SATURNE, se retournant.

Monsieur était là ?

CALFUCIUS.

Va... continue... sacrilége !

SATURNE.

Sacrilége, monsieur ? Parce que je me moque de tous ces dieux-là ? Mais vous-même, monsieur, bien sûr, vous n'y croyez pas.

CALFUCIUS.

Hein ?

SATURNE.

Sérieusement, monsieur, vous vous figurez qu'il y a des faunes dans les arbres?

CALFUCIUS.

Oui.

SATURNE.

Et des nymphes dans les bois?

CALFUCIUS.

Oui.

SATURNE.

Et que Jupiter s'est déguisé en cygne, monsieur?... et en pluie d'or, monsieur?... et en taureau, monsieur?

CALFUCIUS.

Oui, oui, oui!... Qu'y a-t-il dans tout cela de si surprenant?

SATURNE.

Plaît-il?

CALFUCIUS.

Tu n'as pas étudié comme moi la mythologie!... Tu n'as pas comme moi sondé les mystères du panthéisme...

SATURNE.

Vous dites ?

CALFUCIUS.

Au fait, je ne dis rien. Tu ne me comprendrais pas. — As-tu fait ta besogne ?

SATURNE.

Oui, monsieur, comme à l'ordinaire.

CALFUCIUS.

Je t'en fais mon compliment ! Voilà des toiles d'araignée qui ornent mon plafond depuis huit jours.

SATURNE.

Faites excuse, monsieur ! Ce sont celles du mois dernier !

CALFUCIUS.

Eh bien, ne faut-il pas que ce soit moi qui nettoie la maison ?

SATURNE.

Si monsieur le veut.

CALFUCIUS.

Je finirai par te mettre à la porte.

SATURNE.

Monsieur a raison... il faut que l'un de nous sorte d'ici !... Quant à moi mon parti est pris !... Je reste !... Je suis un si bon domestique.

CALFUCIUS.

Oui ! Tu casses tout chez moi !

SATURNE.

C'est vrai, monsieur... Mais que voulez-vous, je m'ennuie tant !... Je suis là comme qui dirait un volume dépareillé...

CALFUCIUS.

Eh bien ?

SATURNE.

Il me faudrait mon tome second... un ami... un compagnon... qui partageât ma peine et même... mon plaisir...

CALFUCIUS.

Eh ! parle donc... qu'à cela ne tienne... je prendrai un second domestique qui t'aidera.

SATURNE.

Si c'était égal à monsieur que le nouveau venu ne fût pas du même sexe que moi ?

CALFUCIUS.

Hein ?

SATURNE.

Une femme, par exemple ?

CALFUCIUS.

Une femme chez moi... jamais !

SATURNE. Il s'éloigne en se grattant l'oreille, puis il revient.

Voyons, monsieur, laissez-vous attendrir par mes larmes.

CALFUCIUS.

Bah ! Tu ne pleures pas.

SATURNE.

Je pleure en dedans, monsieur.; ça me suffoque.

CALFUCIUS.

Va prendre l'air, tu m'ennuies.

SATURNE.

Mais enfin, monsieur, qu'est-ce que les femmes vous ont donc fait ? — Car encore, ne les détestez-vous pas sans cause ! Vous avez beau être savant, vous êtes jeune, bien fait, et... ça n'est pas naturel ! Dites vos raisons, au moins, dites-les !...

CALFUCIUS.

Mes raisons !.. parcours l'histoire, Saturne, et tu y verras que les femmes ont été la cause efficiente ou coefficiente de tous les maux qui ont désolé la terre, depuis les temps fabuleux jusqu'aux temps historiques ! La conclusion est facile à tirer ; c'est qu'il faut se garder des femmes comme de la peste !

SATURNE.

Et à qui diantre croire, monsieur ? La maîtresse de Dorothée prétend, au contraire, que c'est nous qui avons causé tout le mal, et elle conclut, de son côté, qu'il faut se garder des hommes comme de la fièvre !...

CALFUCIUS.

Eh bien ! il est probable que nous ne nous entendrons jamais.

SATURNE.

Mais, si l'on vous écoutait, le monde n'aurait plus qu'à finir.

CALFUCIUS, allant s'asseoir.

Et où serait le mal ?

SATURNE.

Ah! monsieur!... Il est heureux que Dorothée et moi nous ayons là-dessus d'autres idées que les vôtres (Calfucius se met à lire et ne répond pas.) Vous savez, Dorothée!... ma Dorothée!...

CALFUCIUS, machinalement, tout en lisant.

Ta Dorothée ?

SATURNE.

Qui sert cette jeune dame dont je vous parlais tout à l'heure.

CALFUCIUS, même jeu.

Dont tu me parlais tout à l'heure?

SATURNE.

La comtesse Bertha, qui habite toute seule ce vieux château que vous voyez là-bas.

CALFUCIUS, même jeu.

Que je vois là-bas?

SATURNE.

A dire vrai, monsieur, elle passe dans le pays pour être aussi folle que vous.

CALFUCIUS, même jeu.

Aussi folle que... (interrompant sa lecture.) Ah çà, voyons, me laisseras-tu tranquille, à la fin ?... Et mon souper ? Tu n'y as pas encore pensé, n'est-ce pas?

SATURNE.

J'y pense en ce moment, monsieur.

CALFUCIUS.

C'est heureux.

SATURNE.

Maintenant que ma besogne est faite, je vais aux provisions. (A part. Je rencontrerai peut-être Dorothée en chemin.

CALFUCIUS.

Va, et dépêche-toi, car voilà la pluie qui commence à tomber.

SATURNE.

La pluie !... Et que m'importe la pluie? Elle ne m'éteindra pas, monsieur! Elle ne m'éteindra pas! (Il sort.)

SCÈNE III.

CALFUCIUS, seul, assis devant la cheminée.

Enfin!... m'en voilà débarrassé!... Ce n'est pas malheureux! (Feuilletant son livre.) Où diable en étais-je? (Il s'enfonce dans son fauteuil.) Quel parfum d'antiquité dans ce conte de *l'Amour et son hôte*, et comme on retrouve dans chaque vers la grâce et la naïveté du poète grec. (Il lit, musique à l'orchestre.)

J'étais couché mollement.

Comme moi dans mon fauteuil.

Et, contre mon ordinaire.
Je dormais tranquillement,

Ça pourrait bien m'arriver.

Quant un enfant s'en vint faire
A ma porte quelque bruit.
Il pleuvait fort cette nuit,

Ah ! comme aujourd'hui ! On entend la pluie.)

Le vent. le froid et l'orage
Contre l'enfant faisaient rage.
« — Ouvrez, dit-il, je suis nu »
Moi. chritable et bonhomme,
J'ouvre au pauvre morfondu
Et m'enquiers comme il se nomme...

(S'endormant peu à peu.) La comtesse Bertha... Dorothée... l'Amour... (On frappe au dehors. — On entend la pluie et le vent.) Entrez ! On frappe plus fort.) Entrez donc!... Hein?... Quoi?... Qu'est-ce que c'est?... (Il se lève.) Le vent, sans doute... On frappe. — La musique s'arrête.) Non .. on frappe à la porte... Ce nigaud de Saturne aura oublié sa clef. (Il ouvre la fenêtre.) Qui est là?

BERTHA, en dehors.

Un pauvre voyaageur... surpris par l'orage.

CAFUCIUS.

C'est un jeune homme... presque un enfant.

BERTHA.

Ouvrez... ouvrez, de grâce... Je suis mouillé jusqu'aux os.

CALFUCIUS.

Attendez, je vais jeter la clef. (Il la cherche et l'enveloppe dans du papier.) Pauvre petit diable!... Je ne peux pas lui refuser une hospitalité qu'il me demande avec une voix si douce. (A la fenêtre.) Tenez, voici la clef... Je la jette à vos pieds.

BERTHA, en dehors.

Merci.

CALFUCIUS, fermant la fenêtre.

Voyons, il faut lui faire une place au coin du feu... Il doit avoir besoin de se sécher. (Il enlève la table qui est près de la cheminée.)

SCÈNE IV.

CALFUCIUS, BERTHA. (Elle est habillée en étudiant.)

CALFUCIUS.

Entrez! entrez!

BERTHA.

Merci, monsieur! (Elle ôte son manteau et le jette sur une chaise.)
Brrr!... Quel froid!... Quelle pluie glaciale! Je suis
transi!

CALFUCIUS, à la cheminée.

Approchez, mon enfant.

BERTHA.

Merci cent fois de votre hospitalité...

(Elle souffle dans ses mains.)

CALFUCIUS.

Mettez-vous là, près du feu... Ah! le pauvre garçon, il est
trempé comme une éponge.

BERTHA, près du feu.

Ah!... ah!... que ça fait de bien!

CALFUCIUS, à part.

Il a une bonne petite figure, physionomie ouverte... qui
plaît tout d'abord.

BERTHA.

Ah! le bon feu!

CALFUCIUS.

Mais non, il va mal... (Appelant.) Saturne ! du bois. Ah !
j'oublie qu'il est sorti... je vais en chercher moi-même, ne
vous impatientez pas... mon cher monsieur... Votre nom?

BERTHA.

Wilhem.

CALFUCIUS.

Votre profession?

BERTHA.

Étudiant.

CALFUCIUS.

De quelle université?

BERTHA.

Francfort... J'y ai fait mes études... et je retourne en Hon-
grie, dans ma famille.

CALFUCIUS.

Eh bien, mon cher monsieur Wilhem, soyez le bienvenu
chez moi. — J'espère qu'avant peu nous serons bons amis...
Tisonnez pendant que je vais au bûcher... Je suis à vous
dans la minute. (Il sort.)

SCÈNE V.

BERTHA, seule.

Enfin ! me voilà donc chez maître Calfucius...| ce jeune
savant dont m'a parlé Dorothée, et qui a une antipathie si

sauvage pour les femmes... Je vous le rends bien, maître Calfucius, et avec usure! Mais on a beau détester les hommes, encore n'est-on pas fâchée qu'ils vous aiment; et j'étais curieuse, je l'avoue, de voir cet impertinent qui ose mettre au défi les femmes et l'amour! (Se levant.)

RONDEAU.

S'il se doutait qu'en son réduit,
 Sous cet habit,
Une femme s'est introduite,
De l'hospitalité, je crois,
 Bravant les lois,
Il se montrerait peu courtois.
Avant que ce ciel obscurci
 Soit éclairci,
Je ne serai pas éconduite ;
Je veux, quoi qu'il puisse advenir,
 Pour le punir,
Le forcer à me retenir
Mais il va falloir à ses yeux
 Cacher au mieux,
Ces riens qui nous font reconnaître ;
E sprit coquet, rire moqueur,
 Regard vainqueur,
Tout ce qui fait battre le cœur.
En bon garçon, en sans souci,
 Je dois ici
Parler haut, l'appeler *mon maître*.
Et s'il fallait jurer un peu,
 Hélas ! mon Dieu !
J'irais bien jusqu'à... ventrebleu !
Car s'il savait qu'en son réduit,
 Sous cet habit,
Une femme s'est introduite,
De l'hospitalité, je crois,
 Bravant les lois
Il se montrerait peu courtois.

SCÈNE VI.

BERTHA, CALFUCIUS.

CALFUCIUS, apportant du bois.

Tenez, voilà un fagot qui va vous ragaillardir.

BERTHA.

Oh! vous faites des façons, maître; laissez donc, je me sens déjà beaucoup mieux.

CALFUCIUS.

Voyons. (Il lui prend la main.) Oh! vous avez encore les doigts glacés... Mais ne retirez donc pas votre main.

BERTHA.

C'est que vous me la serrez d'une force...

CALFUCIUS.

Est-ce que je vous ai fait mal?

BERTHA.

Oh! non... mais... (A part.) C'est presque embarrassant.

CALFUCIUS.

Ah çà, dites-moi donc, si vous quittiez tous ces vête-ments-là?

BERTHA.

Hein! Plaît-il? Quitter mes habits?

CALFUCIUS.

Sans doute, nous les ferons sécher, et je vous prêterai quelque vieille houppelande...

BERTHA.

Merci ! merci ! Tenez, maître Calfucius, je vous supplie de reprendre le travail que j'ai sans doute interrompu.

CALFUCIUS.

Oh ! mon Dieu ! non... J'étais là... à moitié endormi... au coin du feu... en tête-à-tête avec un des plus jolis contes de La Fontaine : *L'Amour et son hôte.* (Allant reprendre son livre sur la cheminée.) Vous devez connaître ça, vous? un étudiant! (Il s'appuie à la cheminée.)

BERTHA.

Oh! je le sais par cœur... (Elle s'assied dans le fauteuil.)

DUO.

BERTHA.

J'étais couché mollement
Et contre mon ordinaire,
Je dormais tranquillement,
Quand un enfant s'en vint faire
A ma porte quelque bruit...

CALFUCIUS, soufflant Bertha.

Il pleuvait fort cette nuit !

BERTHA.

Il pleuvait fort cette nuit !
Le vent, le froid et l'orage
Contre l'enfant faisaient rage ;
« Ouvrez, dit-il, je suis nu ! »
Moi, charitable et bonhomme,
J'ouvre au pauvre morfondu
Et m'enquiers comme il se nomme.

CALFUCIUS.

J'en étais là justement
Quand vous avez frappé.

BERTHA.

Vraiment ?

CALFUCIUS.

Maintenant, si bon vous semble,
Achevons de lire ensemble.

(Il s'assied près d'elle.)

ENSEMBLE.

Quand tous deux on admire
Ces contes d'autrefois,
Il est doux de les lire
Ensemble, à demi-voix.

BERTHA, continuant, en lisant sur le livre que tient Calfucius.

Je te le dirai tantôt,
Repart l'enfant, car il faut
Qu'auparavant je m'essuie.

CALFUCIUS, continuant.

J'allume aussitôt du feu ;
Il regarde si la pluie
N'a pas gâté quelque peu
Un arc dont je me défie.

BERTHA, riant.

Voyez le traître !

CALFUCIUS.

Pour moi,
J'aurais agi d'autre sorte.

BERTHA.

Qu'auriez-vous fait ?

CALFUCIUS.

Par ma foi !
Je l'aurais mis à la porte.

(Reprenant la lecture.)

Je m'approche toutefois
Et de l'enfant prends les doigts ;
Les réchauffe, et dans moi-même
Je dis : Pourquoi craindre tant?
Que peut-il? C'est un enfant !

(Abandonnant le livre aux mains de Bertha et la regardant avec défiance,
à part.)

Un enfant !

BERTHA, continuant.

C'est un enfant !
Ma couardise est extrême
D'avoir eu le moindre effroi ;
Que serait-ce si chez moi
J'avais reçu Polyphème?...

(A Calfucius qui s'est un peu élo'gné d'elle.)

Eh bien ! Vous ne lisez plus ?

CALFUCIUS.

Continuez, je vous prie,
Ces vers que j'ai cent fois lus !

BERTHA.

Vous avez dit, ce me semble,
Qu'il les fallait lire ensemble.

CALFUCIUS.

C'est ma foi vrai ! Je l'ai dit.
Je ne sais où j'ai l'esprit.

ENSEMBLE.

Quand tous deux on admire
Ces contes d'autrefois,
Il est doux de les lire
Ensemble à demi-voix.

CALFUCIUS, reprenant la lecture par-dessus l'épaule de Bertha.

> L'enfant. d'un air enjoué,
> Ayant un peu secoué
> Les pièces de son armure
> Et sa blonde chevelure...

(S'interrompant et s'éloignant de Bertha qui passe sa main dans ses cheveux; à part.)

> Diantre ! il est blond ! Garde à nous !

BERTHA, se retournant.

> Qu'arrive-t-il ?... Qu'avez-vous ?

CALFUCIUS.

> Rien ! (A part.) Si je prenais la fuite !

BERTHA, se rapprochant de Calfucius.

> Vous ne lisez pas la suite ? (Reprenant la lecture.)

> Prend un trait, un trait vainqueur
> Qu'il me lance au fond du cœur !

CALFUCIUS.

> Oui ! Voilà sa récompense !
> Le plus prudent est, je pense,
> De bien s'enfermer chez soi !

BERTHA.

Mais lisez donc avec moi !

ENSEMBLE.

> Amour fit une gambade,
> Et le petit scélérat
> Me dit : « Pauvre camarade,
> » Mon arc est en bon état,
> » Mais ton cœur est bien malade. »

CALFUCIUS.

L'ingrat !... Le traître !... Ce n'est pas vous qui me puniriez de la sorte de vous avoir reçu chez moi !

BERTHA adossée à la cheminée.

Mais d'abord... je ne suis pas...

CALFUCIUS.

Oui... oui... sans doute... C'est ce que je dis... Vous n'êtes pas l'Amour... sans ça... ce serait déjà fait... Vous êtes un bon petit garçon, vous êtes blond...

BERTHA.

Ce n'est pas ma faute.

CALFUCIUS.

Vous avez frappé à ma porte, c'est possible ; il pleuvait, je vous ai fait du feu, j'ai réchauffé vos mains dans les miennes... Mais vous êtes trop gentil pour me jouer un tour comme celui-là, hein ?

BERTHA (riant).

Soyez tranquille !

SCÈNE VII.

LES MÊMES, SATURNE.

SATURNE entrant de droite, avec un plateau.

Si monsieur veut son souper, il est prêt.

CALFUCIUS.

Apporte, et mets deux couverts.

SATURNE (préparant la table).

Tiens, un étranger !

CALFUCIUS.

Allons, mon jeune ami, — à table !

BERTHA.

A table !...

SATURNE.

A propos, monsieur, vous ne savez pas ?...

CALFUCIUS.

Non.

SATURNE.

Que je suis bête !... Vous ne pouvez pas savoir, au fait, puisque je ne vous l'ai pas encore dit.

CALFUCIUS.

Quoi ?

SATURNE.

J'ai rencontré Dorothée... sa maîtresse a disparu... on la cherche...

BERTHA (à part).

Bien !

CALFUCIUS.

Qu'est-ce que ça me fait ?

BERTHA.

De qui est-il question ?

CALFUCIUS, s'asseyant à la table et faisant asseoir Bertha.

Rien... une folle qui court les champs toute seule.

BERTHA.

Une folle ?

CALFUCIUS.

La maîtresse du château voisin.

BERTHA.

Ah !

CALFUCIUS.

Occupons-nous de souper... cela vaut mieux. (A Saturne.) Est-ce brûlé, salé ou pas cuit ?

SATURNE, qui est allé s'asseoir près du feu.

Pas cuit... pour aujourd'hui, monsieur... mais demain ce sera...

CALFUCIUS.

Brûlé ?... allons... nous voilà prévenus. (A Bertha.) Depuis que ce nigaud-là est amoureux... il n'est plus bon à rien.

SATURNE.

Tel n'est pas l'avis de Dorothée.

BERTHA.

Ah ! il est amoureux ?

CALFUCIUS.

Comme une bête.

SATURNE.

Chacun est amoureux à sa manière, monsieur.

CALFUCIUS.

J'ai essayé de tout pour le guérir... je lui ai persuadé qu'il était malade, je lui ai fait prendre des bains... je l'ai mis à la diète...

SATURNE, se levant indigné.

Comment, monsieur, la diète ! c'était pour ça ?...

CALFUCIUS, buvant.

A votre santé, monsieur Wilhem.

BERTHA, trinquant.

A la vôtre !... Elle est donc jolie, cette Dorothée?

SATURNE,

Ah ! monsieur... comme les amours !

BERTHA, à part.

Il n'est pas difficile.

SATURNE.

Des épaules... une taille... et des pieds !... comme ça...
Elle dormirait debout !

CALFUCIUS.

Peste ! Je voudrais savoir si sa maîtresse les a aussi
beaux.

BERTHA.

Oh ! je ne crois pas.

CALFUCIUS.

Vous la connaissez donc ?

BERTHA.

Moi ? pas le moins du monde... mais, je suppose... j'aime
à croire pour elle...

CALFUCIUS.

Mais vous ne buvez pas ?

BERTHA.

Si fait !

CALFUCIUS.

Saturne, donne-nous donc une bouteille de ce vieux vin
que tu connais.

SATURNE.

Oh ! oui, monsieur, je le connais ! (Il sort.)

CALFUCIUS.

Vous allez goûter un vin qui a dix ans de bouteille.
Pourvu que l'imbécile ne l'ait pas remué.

SATURNE, rentrant avec la bouteille.

Monsieur?

CALFUCIUS.

Tu n'as pas remué la bouteille ?

SATURNE.

Non, monsieur .. pas encore. (Il la secoue vivement.)

CALFUCIUS, la lui arrachant des mains.

Ah ! le gredin !

(Bertha rit.)

SATURNE.

Quoi donc?

CALFUCIUS.

Va m'en chercher une autre.

SATURNE.

Monsieur, celle-ci est la dernière.

CALFUCIUS.

Comment, la dernière ?... Il m'en restait encore plus de
trente, il y a huit jours.

SATURNE.

Comme monsieur les avait enterrées sous le sable, j'ai cru
que monsieur en faisait fi, et je me suis résigné à les boire
moi-même.

CALFUCIUS.

Va-t'en à tous les diables !

BERTHA, se levant de table.

Calmez-vous !... Il se fait tard, et je vais vous dire adieu.

CALFUCIUS.

Partir ?... non pas... je m'y oppose.

BERTHA.

Comment ?

CALFUCIUS.

Vous passerez la nuit ici.

BERTHA.

C'est impossible.

CALFUCIUS.

Impossible ou non... je ferme la porte. (Il ferme la porte et garde la clef.)

BERTHA, à part.

Me voilà dans une jolie position.

SATURNE, à part.

Je vais la faire reposer. (Il place la bouteille sur la cheminée et range la table.)

CALFUCIUS.

Vous partagerez ma chambre.

BERTHA.

Hein ?

CALFUCIUS.

Et mon lit.

BERTHA.

Plaît-il ?

CALFUCIUS.

Un lit moyen âge... six pieds de large... on y tiendrait trois à l'aise.

BERTHA.

Mais je vous jure que pour rien au monde...

CALFUCIUS.

Pour rien au monde, c'est possible ; mais pour me faire plaisir... Voilà qui est entendu.

BERTHA.

Mais...

CALFUCIUS.

Je ne vous écoute pas... Attendez-moi ici... je vais préparer notre dortoir.

TERZETTO.

ENSEMBLE.

<table>
<tr><td>

CALFUCIUS.

Avec vous je partage
Et ma chambre et mon lit ;
A l'abri de l'orage
Vous passerez la nuit.

</td><td>

BERTHA, à part.

Grand merci du partage
Qu'on m'offre en ce réduit ;
Je veux, malgré l'orage
M'esquiver dans la nuit.

</td></tr>
</table>

SATURNE, à part.

O joie, ô doux présage !
Ma belle, cette nuit,
Viendra, malgré l'orage,
Me retrouver sans bruit.

CALFUCIUS.

Quand gronde la tempête,
Il fait bon sommeiller,
Et reposer sa tête
Sur un mol oreiller.

BERTHA, à part.

Le vent ni la tempête
Ne sauraient m'effrayer ;
Pour fuir le tête-à-tête
Laissons-le sommeiller.

SATURNE, à part.

Quand gronde la tempête,
Il fait bon sommeiller
Dans un doux tête-à-tête,
Sur le même oreiller.

REPRISE DE L'ENSEMBLE.

CALFUCIUS.

Avec vous je partage
Etc...

BERTHA.

Grand merci du partage
Etc...

SATURNE.

O joie, ô doux présage !
Etc...
(Calfucius sort.)

SCÈNE VIII.

SATURNE, BERTHA.

SATURNE.

Monsieur veut-il que je l'aide à se déshabiller ?

BERTHA

Non, merci... je n'y songe pas du tout... je ne veux qu'une chose, partir. (Elle se dirige vers la chambre de Saturne.)

SATURNE.

Mais, monsieur, c'est ma chambre.

BERTHA.

Ta chambre... à toi ?

SATURNE.

Oui, monsieur.

BERTHA.

Qui ferme bien ?

SATURNE.

A double tour.

BERTHA.

J'y passerai la nuit.

SATURNE.

Mais, monsieur...

BERTHA.

Tu diras à ton maître que j'ai craint de le gêner, et que je t'ai pris ta chambre malgré toi. (Elle entre dans la chambre de Saturne et s'y enferme.)

SATURNE.

Mais, monsieur... monsieur... Allons, bon !... Voilà qu'il s'enferme ! Me voilà forcé de recevoir Dorothée dans la cuisine maintenant. — Au fait, nous souperons !

SCÈNE IX.

SATURNE, DOROTHÉE (en dehors).

DOROTHÉE, appelant.

Saturne ! Saturne !

SATURNE.

C'est elle ! (Il ouvre la fenêtre.) Dorothée... Quel bonheur ! Ah ! bonsoir, Dorothée, bonsoir !

DOROTHÉE.

Descends !

SATURNE.

Je ne peux pas, je suis enfermé.

DOROTHÉE.

Descends par le treillage.

SATURNE, à part.

Merci !... On a beau être amoureux !... (Haut.) C'est que... j'abîmerais le raisin.

DOROTHÉE.

J'ai quelque chose de pressé à te dire.

SATURNE.

Quelque chose de pressé à me dire... Ta maîtresse est-elle retrouvée ?

DOROTHÉE.

Non, pas encore, je la cherche...

SATURNE.

Est-ce que tu as fait un héritage ?

DOROTHÉE.

Non, mais...

SATURNE.

Ah ! tant pis ! tant pis ! Est-ce que tu ne m'aimes plus ?

DOROTHÉE.

Ce n'est pas ça.

SATURNE.

Oh ! dis-moi que tu m'aimes toujours !

DOROTHÉE.

Eh bien ! oui, là !...

SATURNE.

Ah ! ce n'est pas tendre ! Mieux que ça !

DOROTHÉE.

Je t'aime toujours !

SATURNE.

Ange !...

SÉRÉNADE.

1

Va m'attendre dans la cuisine,
Beauté divine !
Les fourneaux en sont allumés,
Moins enflammés
Que ce cœur brûlé par tes charmes,
Malgré les larmes
Dont mes soupirs et mes baisers
Sont arrosés !

2

Que la table, ô ma Dorothée,
Soit apprêtée
Par tes soins dans ce nid charmant,
Où ton amant,
Qui depuis tantôt s'inquiète
D'être à la diète,
A tes genoux compte à souper
Se rattraper !...

Envoie-moi des baisers en échange des miens. (Il lui envoie
des baisers.)

SCÈNE X.

SATURNE à la fenêtre, CALFUCIUS.

CALFUCIUS, sortant de sa chambre.

Quel est ce cliquetis de baisers ?

SATURNE continuant.

Tiens... encore... tiens... toujours...

CALFUCIUS.

Saturne... à la fenêtre !... une femme dans ma cour !... des baisers qui circulent dans l'air...

SATURNE.

Monsieur !...

CALFUCIUS.

Monsieur Saturne... je vous chasse... je vous mets à la porte ! (Il le pousse du côté de la fenêtre.)

SATURNE, se débattant.

Mais, monsieur, c'est à la fenêtre que vous me mettez !

CALFUCIUS.

Ça m'est égal !

SATURNE.

Oui, mais ça ne me l'est pas, à moi !

CALFUCIUS.

Hors d'ici...

SATURNE.

Ah ! c'est comme ça !... Eh bien ! moi aussi je vous donne congé, je suis un trop bon domestique, à la fin !

CALFUCIUS.

C'est bon.

SATURNE, allant prendre la bouteille qu'il a posée sur la cheminée.

Ah ! ma bouteille !... Je vas faire mon paquet avec Dorothée... dans la cuisine.

CALFUCIUS.

Que je ne te revoie pas. (Il ouvre la porte et le pousse dehors.)

SATURNE, passant sa tête à la porte.

Ah ! monsieur, il faut pourtant que je fasse ma commission.

CALFUCIUS.

Qu'est-ce que c'est ?

SATURNE.

Dieu ! que je suis un bon domestique !...

CALFUCIUS.

Voyons, au fait.

SATURNE.

Eh bien, çe jeune homme, votre ami, M. Wilhem... il s'est enfermé dans ma chambre... et m'a chargé de vous dire qu'il y passerait la nuit... pour ne pas vous gêner.

CALFUCIUS.

C'est bien !

SATURNE.

Adieu... monsieur !... Vous me regretterez.

CALFUCIUS.

Je ne crois pas.

SATURNE, en dehors.

Si, monsieur. (Parlant dans ses mains et à travers la serrure.) Vous me regretterez !

SCÈNE XI.

CALFUCIUS, puis BERTHA.

CALFUCIUS, seul.

A-t-on vu cet impertinent ? Je crois, Dieu me pardonne, qu'ils s'embrassent encore.. Oh ! les femmes ! les femmes !...

Oh ! les femmes ! les femmes !...

—

COUPLETS.

Morbleu ! n'aimons pas
Une fille d'Ève !
L'amour ici-bas
N'est qu'un mauvais rêve !
Il traîne après lui
Le deuil et l'ennui !
O femmes
Infâmes,
De moi n'approchez pas !
Retro, Satanas !

—

Adieu la raison,
Quand on s'y hasarde !
De son noir poison
Que le ciel nous garde !
Il nous rend jaloux,
Stupides et fous !
O femmes
Infâmes,
De moi n'approchez pas !
Retro, Satanas !

—

Ah çà ! est-il fou, ce petit bonhomme, de s'enfermer dans cette misérable chambre de domestique ! (Il frappe à la porte de la chambre.) Holà ! maître Wilhem !... Ouvrez ! je ne souffrirai pas que vous passiez la nuit dans ce taudis.

BERTHA, dans la chambre de Saturne.

Vous voulez que j'ouvre ?

CALFUCIUS.

Eh ! sans doute !...

BERTHA.

Vous vous en repentirez.

CALFUCIUS.

Pourquoi donc?

BERTHA.

Je vais vous mettre bien mal à l'aise, mon cher hôte.

CALFUCIUS.

Allons donc! un ami... je l'exige.

BERTHA.

Ma foi, vous êtes prévenu... tant pis pour vous. (Elle ouvre et paraît vêtue en femme.)

CALFUCIUS.

Tant pis pour moi! (Il se retourne.) Ah! mon Dieu! Qu'est-ce que cela veut dire?

BERTHA.

Cela veut dire, mon cher monsieur Calfucius, que je ne suis rien moins qu'un étudiant, et que je suis une femme, tout ce qu'il y a de plus femme!

CALFUCIUS, reculant.

Ah! diable!

BERTHA.

Oh! ne vous effrayez pas... je ne suis pas venue pour votre perdition, mon maître... et puisque vous connaissez un peu de réputation la comtesse Bertha, votre voisine...

CALFUCIUS.

Quoi! vous êtes...? Oh! c'est différent; voilà qui me rassure.

BERTHA.

Oui, n'est-ce pas? — Si vous détestez les femmes...

CALFUCIUS.

Vous détestez les hommes...

BERTHA.

Ce qui fait...

CALFUCIUS.

Ce qui fait que nous nous détestons parfaitement l'un l'autre, voilà qui est convenu. Mais alors... je ne comprends pas...

BERTHA.

Pourquoi je suis ici ? C'est bien simple : Je me promenais à cheval avec ce petit costume que vous savez, quand l'orage m'a forcée, bien malgré moi, je vous assure, de vous demander asile... Vous m'avez enfermée, et, pour vous forcer à me rendre la liberté, j'ai pris là, dans la chambre de Saturne, ces chiffons féminins qui vous ont fait si grand'peur.

CALFUCIUS.

Voyez le traître ! Il avait des robes de femme dans sa chambre !

BERTHA.

Maintenant...

CALFUCIUS.

Maintenant ?

BERTHA.

Je m'en vais.

CALFUCIUS.

Ah ! très-bien... je ne vous retiens pas.

BERTHA, à part.

L'insolent !

CALFUCIUS.

Je ne vous retiens pas.

BERTHA.

Mais... cette porte ?

CALFUCIUS.

Ah ! c'est juste ! La voilà toute grande ouverte.

BERTHA.

Ah ! fermez-la donc ! Il vient un vent !...

CALFUCIUS.

Vous ne partez donc plus ?

BERTHA.

Tout à l'heure. Ne voulez-vous pas me mettre à la porte par ce déluge ?

CALFUCIUS.

Oh ! quelques gouttes à peine.

BERTHA.

Cette pluie m'a pénétrée... je tremble encore de froid. (A part.) Oh ! si je pouvais. Elle s'assied près de la cheminée.)

CALFUCIUS, à part.

Comment ! elle s'installe ?

BERTHA, à part.

Oui, ma vanité se réveille, et il me prend envie d'être femme une fois par hasard.

CALFUCIUS, à part, s'asseyant à droite.

Je ne sais ce que j'éprouve, mais je suis très-mal à mon aise.

BERTHA, à part.

Détester les femmes !... Jeune et bien fait comme il est... (Elle le regarde.) Car il est très-bien fait, ce philosophe...

CALFUCIUS, à part.

Petit monstre ! va... charmant petit monstre !

BERTHA, après un silence.

Eh bien, maître Calfucius, êtes-vous devenu muet?

CALFUCIUS.

Moi?... Non... je réfléchis...

BERTHA.

A quoi? Aux femmes?

CALFUCIUS.

Brrr!... Dieu m'en garde!

BERTHA.

Mais c'est donc de l'horreur?

CALFUCIUS, se levant.

C'en est.

BERTHA, se rapprochant de lui.

Allons, allons, vous ne me ferez pas croire que si vous aviez là deux beaux yeux pour vous regarder, une bouche rose pour vous appeler, et deux joues fraîches pour y poser vos lèvres, vous ne vous laisseriez pas tenter, mon cher philosophe.

CALFUCIUS.

Moi!... Je jure bien tous les dieux de l'Olympe que jamais femme au monde n'aura un baiser de ma façon.

BERTHA.

Ah!... jamais?

CALFUCIUS.

Jamais!...

BERTHA, à part.

C'est trop fort!

DUO.

CALFUCIUS.

Madame!

BERTHA.

Eh bien?

CALFUCIUS.

Voyez!

BERTHA.

Quoi?

CALFUCIUS.

Le beau clair de lune!
Plus une goutte!...

BERTHA.

En vérité?

CALFUCIUS.

Plus une!
Rien ne vous retient en ces lieux.

BERTHA.

Allons! — Je vous fais mes adieux.

ENSEMBLE.

BERTHA, à part.	CALFUCIUS, à part.
Sur mon âme	Une femme!
Toute femme	Sur mon âme,
Qu'ainsi l'on ose outrager,	Je n'ai rien à ménager!
Sans scrupule	Sans scrupule
Ridicule	Ridicule
A le droit de se venger!	Tirons-nous d'un tel danger.

BERTHA.

Adieu, monsieur!

CALFUCIUS.

Adieu, madame!

BERTHA, poussant un petit cri.

Ah!

CALFUCIUS.

Qu'est-ce donc?

BERTHA.

Le pied m'a tourné.

CALFUCIUS.

Bah!

BERTHA, boitant

Je ne puis plus marcher.

CALFUCIUS.

Bon! cela n'est rien.

BERTHA, criant.

Ah!

CALFUCIUS.

Diable!...

BERTHA.

Pardon si je réclame
Votre bras.

CALFUCIUS.

Mon bras!

BERTHA, criant plus fort.

Ah!

CALFUCIUS, à part.

Morbleu!

Il offre son bras à Bertha.)

BERTHA, s'appuyant sur le bras de Calfucius.

Croyez bien que je regrette
Une demande indiscrète.

CALFUCIUS.

Moins que moi, j'en fais l'aveu!
           (A part, en quittant Bertha.)
Si du moins elle était laide!

BERTHA.

Hélas! venez à mon aide!
Ce fauteuil...
           (Criant.)
                              Ah!

CALFUCIUS, approchant le fauteuil

                              Le voici!

BERTHA.

Plus près, de grâce! — Merci!
           (Elle s'assied sur le fauteuil.)

ENSEMBLE.

BERTHA, à part.	CALFUCIUS, à part.
Sur mon âme!	Une femme!
Toute femme	Sur mon âme,
Qu'ainsi l'on ose outrager!	Je n'ai rien à ménager!
Sans scrupule	Sans scrupule
Ridicule	Ridicule
A le droit de se venger!	Tirons-nous d'un tel danger!

CALFUCIUS.

Eh bien, madame? Eh bien?

BERTHA.

Le pied me brûle encore.

CALFUCIUS, regardant la jambe de Bertha, à part.
O merveille!...

BERTHA.

                              Quoi?

CALFUCIUS.

                              Rien.

(A part.)
C'est beau comme l'antique!.. O Vénus! est-ce un rêve?

BERTHA.

Je crois que cela va mieux,
Aidez-moi que je me lève.

CALFUCIUS.

Déjà !...

BERTHA.

Mais qu'ai-je donc ?... Je ne vois plus... mes yeux
Se ferment malgré moi. — La fatigue... l'orage...
Ah !...

(Elle feint de s'endormir.)

CALFUCIUS.

Par ma foi ! Je crois qu'elle s'endort !. .
Pour détourner mes yeux de ce charmant visage
Je fais un vain effort.
Ah ! Que de grâce !... Qu'elle est belle !...

BERTHA, à part.

Enfin ! c'est heureux !... l'y voilà !

(La fenêtre de la cuisine, qui est en face de la fenêtre du fond, s'éclaire.
— On voit l'ombre de Saturne.)

CALFUCIUS.

Non, non ! Je ne veux pas rester seul avec elle,
Et si Saturne est encor là...
Oui, j'aperçois son ombre à travers la fenêtre...

(On voit paraître l'ombre de Dorothée.)

Mais il n'est pas seul !...
(L'ombre de Saturne embrasse l'ombre de Dorothée.)
Ah! le traître !

Ah! le coquin !... Qu'il est heureux !
On l'aime !... Il ose être amoureux !

BERTHA, à part.

L'exemple devient dangereux.

(Les ombres disparaissent avec la lumière.)

ENSEMBLE.

CALFUCIUS.

O tendres baisers ! brûlantes haleines !
Je perds la raison !
L'austère pudeur et les craintes vaines
Sont hors de saison !
Apaise le feu qui court dans mes veines,
Nectar ou poison !

BERTHA, à part.

De leurs doux baisers les tièdes haleines
Troublent sa raison !
Son cœur, en dépit de ses craintes vaines,
Maudit sa prison !
Il veut te sentir couler dans ses veines,
Nectar ou poison.

(Calfucius se penche sur Bertha et l'embrasse.)

BERTHA, se levant

Vous avez perdu, mon maître !...

CALFUCIUS.

Comment !...

BERTHA.

« Jamais femme au monde n'obtiendra un baiser de ma façon !... » Vous avez perdu, adieu !...

CALFUCIUS.

Partir !... me quitter !... Mais je vois, maintenant... je comprends, j'existe... j'aime !

BERTHA.

Dieu merci ! Cela m'a donné assez de mal.

CALFUCIUS.

Eh bien ?

BERTHA.

Eh bien ! c'est tout ce que je voulais, ma vengeance est complète. (Elle remonte la scène, Calfucius court après elle.)

CALFUCIUS.

Vous ne sortirez pas... dussé-je vous retenir de force. (Il la poursuit)

BERTHA, se sauvant.

Ah ! mon Dieu !

CALFUCIUS.

Vous ne m'échapperez pas.

BERTHA, arrivée près de la lumière.

Ah ! cette lumière !... (Elle l'éteint. — Nuit.) Je suis sauvée !

CALFUCIUS.

Bertha !... par pitié !... Je t'aime !

BERTHA.

« Adieu donc, mon camarade,
» Mon arc est en bon état,
» Mais ton cœur est bien malade. »

CALFUCIUS.

Ah ! c'est lui ! c'est l'Amour !

SATURNE, en dehors.

Voilà ! voilà !

BERTHA, à part.

On vient !

(Elle se cache derrière la statue de l'Amour.)

SCÈNE XII.

LES MÊMES, SATURNE.

SATURNE, gris ; il porte un flambeau et une bouteill e.

Monsieur m'a appellé !

CALFUCIUS.

Moi ? Non... Va-t'en au diable !...

SATURNE.

Monsieur criait : L'amour ! l'amour !... J'ai cru que monsieur me disait de revenir !... Je suis un si bon domestique !

CALFUCIUS.

Mais, tu la connais, cette femme... qui est-elle?

SATURNE.

Quelle femme? Dorothée?

CALFUCIUS.

Mais non ! Wilhem... Bertha... l'Amour... que sais-je!...

SATURNE, à part.

Je crois qu'il est gris.

CALFUCIUS, s'exaltant de plus en plus.

Elle m'a déchiré le cœur, Saturne, et je ne la reverrai plus !...

SATURNE.

Buvez, monsieur! buvez, cela vous remettra.

CALFUCIUS.

Oui, donne, je veux m'enivrer pour ne plus penser à elle !

BERTHA, à part.

Pauvre garçon !...

FINAL.

CALFUCIUS.

Oui, déjà, grâce à ce flot pur,
Je vois des campagnes nouvelles ;
Dans la lumière et dans l'azur,
Je vois danser les immortelles ;
Je vois parmi le divin chœur
Vénus plus charmante et plus belle.
Mais non, je le sens à mon cœur,
Ce n'est pas toi, Vénus, c'est elle.

ENSEMBLE.

<table>
<tr><td>

CALFUCIUS.

Verse, verse; ce vin fidèle
 Me remplace les amours.
Verse, verse, il est meilleur qu'elle!
 Oui, je veux boire toujours,
 Le vin tient lieu des amours.

</td><td>

BERTHA.

En vain il veut être infidèle
 A ses premières amours,
Un amant est parfois rebelle,
 Mais il en revient toujours
 A ses premières amours.

</td></tr>
</table>

SATURNE.

Buvez, buvez ce vin fidèle,
 Il remplace les amours.
Buvez, car il est meilleur qu'elle,
 Buvez encore et toujours!
 Le vin tient lieu des amours.

———

CALFUCIUS, très-animé.

Mais non! à l'ardeur qui m'enflamme...
Je le devine!...

SATURNE.

Quoi?

CALFUCIUS.

Ce n'est pas une femme,
C'est l'Amour qui m'a lancé
Le trait dont je suis blessé.

SATURNE.

L'Amour?

CALFUCIUS, lui montrant la statue de l'Amour.

Regarde! Il me menace!

SATURNE, à part.

Bonté du ciel! Pour cette fois
Il est fou!

CALFUCIUS, se prosternant devant la statue.

Je demande grâce!
Je me soumets!.. Ordonne!

BERTHA, cachée.

Écoute donc ma voix !

SATURNE, pétrifié.

Comment ? Il parle !... Ah ! le sournois !

BERTHA.

Te repens-tu d'avoir méprisé ma puissance ?

CALFUCIUS.

Oui ! désormais je veux suivre ta loi !

BERTHA.

Jure-moi donc obéissance !
A Bertha j'engage ta foi !

CALFUCIUS.

Ah ! déjà mon cœur l'a suivie !
Je veux l'aimer toute la vie !

SATURNE, se prosternant

Hélas ! monsieur l'Amour, parlez un peu pour moi !

ENSEMBLE.

BERTHA.	CALFUCIUS.
Reconnais enfin ma puissance	Je me soumets à ta puissance,
Et promets de suivre ma loi !	Et veux suivre ta douce loi ;
En lui jurant obéissance,	Oui, je te jure obéissance ;
Devant l'Amour incline-toi !	Amour, Amour, pardonne-moi !

SATURNE.

Je me soumets à ta puissance
Et veux suivre ta douce loi ;
Puisqu'il te jure obéissance,
Amour, Amour, parle pour moi
Bertha profite du moment où Calfucius et Saturne baissent la tête pour
sortir de sa cachette et descendre entre eux.)

BERTHA.

Allons ! relevez-vous !

CALFUCIUS.

Ciel !

BERTHA.

L'Amour vous pardonne
(Calfucius et Saturne se relèvent.)

CALFUCIUS.

Vous ici!..

BERTHA.

Vous voyez qu'il est de mes amis.
Votre cœur tiendra-t il tout ce qu'il a promis ?

CALFUCIUS.

Vous y consentez donc?

BERTHA, lui tendant la main en souriant.
Puisque le dieu l'ordonne !

CALFUCIUS, saisissant la main de Bertha et la couvrant de baisers.
O bonheur !

SATURNE.

Et j'épouserai

Dorothée?

BERTHA.

Oui, l'Amour exauce ta supplique !

SATURNE.

Ah ! quel bon mari je ferai!
Je suis un si bon domestique.
(Reprise du motif et de l'air à boire de Calfucius.)

BERTHA.

Puisque l'Amour trouve en ce lieu
Pour braver le vent et l'orage,
Bon souper, bon gîte et bon feu,
L'en chasser eût été dommage !

CALFUCIUS.

J'ai cru, pour noyer mon ennui,
Que Bacchus frappait à ma porte;
Mais Bacchus, plus traître que lui,
A l'Amour a prêté main forte.

—

ENSEMBLE.

—

CALFUCIUS (à Saturne.)

Verse ! verse ! Ce vin fidèle
Fait éclore les amours;
Verse ! verse ! Il nous parle d'elle !
Oui, je veux boire toujours;
Le vin sourit aux amours !

SATURNE.

Buvez ! buvez ! Ce vin fidèle
Fait éclore les amours;
Buvez ! buvez ! Il parle d'elle;
Buvez encore et toujours !
Le vin sourit aux amours.

BERTHA.

En vain on veut être infidèle
A ses premières amours.
Un amant est parfois rebelle,
Mais il en revient toujours
A ses premières amours !

—

(Rideau.)

FIN.

www.ingramcontent.com/pod-product-compliance
Lightning Source LLC
LaVergne TN
LVHW021152200726
843510LV00001B/308